Der verausgabte Barausgleich des Stillhalters bei Optionsgeschäften (§ 20 EStG)

AF189784

Der verausgabte Barausgleich des Stillhalters bei Optionsgeschäften (§ 20 EStG)

Eine vergleichende Besprechung der Urteile des BFH vom 20.10.2016, VIII R 55/13 und des FG Hamburg vom 10.6.2016, 5 K 185/13

Oder: Vom Widersinn der Einsicht des BFH vom 20.10.2016, VIII R 55/13

Von

Michael Stein

Bibliografische Information der Deutschen Bibliothek

Die Deutsche Bibliothek verzeichnet diese Publikation
in der Deutschen Nationalbibliografie;
detaillierte bibliografische Daten sind im Internet
über <http://dnb.ddb.de> abrufbar.

ISBN 978-3-744-87204-1

© **2017 Michael Stein**, Jena
Rechtsstand: Juli 2017

Schriftsatz: Michael Stein, Jena
erstellt mit Microsoft® Word® 2000 auf Microsoft® Windows® XP SP3
gesetzt mit Microsoft® Word® 2000 auf Microsoft® Windows® XP SP3
Umschlag: Michael Stein, Jena
gestaltet auf einer Vorlage der Books on Demand GmbH, Norderstedt
Herstellung: Books on Demand GmbH, Norderstedt
Printed in Germany

Das Papier erfüllt die Frankfurter Forderungen der Deutschen Bibliothek
und der Gesellschaft für das Buch bezüglich der Alterungsbeständigkeit
und entspricht sowohl den strengen Bestimmungen der US Norm Ansi/Niso
Z.39.48-1992 als auch der ISO-Norm 9706.

Inhaltsverzeichnis

Vorbemerkung

Die Frage, ob ein vom Stillhalter an den Optionskäufer gezahlter Barausgleich (cash-settlement) von dessen sonstigen Einnahmen aus Stillhalterprämien abgezogen werden kann, wurde seit Einführung der Abgeltungsteuer vornehmlich in der Literatur intensiv erörtert.

Während das BMF einen steuerwirksamen Abzug bis heute[1] ablehnt[2], hatte die Literatur einen Abzug solchen bereits seit dem Jahre 2008 befürwortet[3] und seither fortlaufend eingefordert[4].

In 2016 klärte der achte Senat des BFH den Streit im Sinne der Literaturmeinung: Der Senat ließ den Abzug des vom Stillhalter geleisteten Barausgleiches von den Prämieneinnahmen des Stillhalters sowie die normativ beschränkte Verlustverrechnung zu[5]. Hingegen hatte das *FG Hamburg* vier Monate zuvor in einem vergleichbaren Fall rechtskräftig zu Gunsten des Fiskus entschieden[6].

Diese Befragung geht am Maßstab methodengerechter Auslegung der Frage nach, welche der beiden gegenläufigen Überzeugungen Gewissheit vermittelt[7].

Den zunächst vorgestellten Ansichten von Verwaltung, Verbänden und Gerichten (Ziff. 1 bis 3) folgt eine eingehende Besprechung der Sache *VIII R 55/13*[8] (Ziff. 4) unter Berücksichtigung der Einwände des *FG Hamburg*[9].

Um den Textumfang dieser Arbeit „im Rahmen" zu halten, wurden die auf Seite 9 gelisteten Kürzel obligat.

---

1   Juli 2017.
2   Unverändert: BMF v. 18.1.2016, BStBl I 2016, 85, Rz. 26, 34.
3   Etwa: *Haisch*, DStZ 2008, 225, 228; *Delp*, DB 2008, 2381, 2385, 2386.
4   Etwa: *Philipowski* in DStR: 2009, 353; 2010, 2283; 2011, 1298.
5   BFH v. 20.10.2016, VIII R 55/13, BStBl II 2017, 264.
6   FG Hamburg v. 10.6.2016, 5 K 185/13, EFG 2016, 1432: kein Abzug des Barausgleiches.
7   Siehe Ziff. 5*d*: *q.e.d.* (Seite 37)
8   BFH v. 20.10.2016, VIII R 55/13, BStBl II 2017, 264.
9   FG Hamburg v. 10.6.2016, 5 K 185/13.

Kürzel

BA   Barausgleich (Differenzausgleich);
                vom *SH* an den *OK* gezahlter (*SH-BA*)
                – Cash-Settlement –

Alt-Norm   § 23 Abs. 1 S. 1 Nr. 4 Hs. 1 EStG a.F.

FinA   Finanzausschuss des deutschen Bundestages

geltende Norm § 20 Abs. 2 S. 1 Nr. 3 Buchstabe a EStG

Nr. 11   § 20 Abs. 1 Nr. 11 EStG

OK   Optionskäufer / Optionsinhaber / Optionsnehmer

SH   Stillhalter / Optionsgeber

S9   IX. Senat des BFH

S8   VIII. Senat des BFH

ZKA   Zentraler Kreditausschuss:
                Der Zentrale Kreditausschuss war bis 2011 die
                Bezeichnung der gemeinsamen Interessenvertretung
                der kreditwirtschaftlichen Spitzenverbände in Deutschland.
                Seither wirkt diese Interessenvertretung unter dem Namen
                „Die Deutsche Kreditwirtschaft"

1 Auffassung des BMF und des FG Hamburg

Das BMF[10] beurteilte den *SH-BA* auch unter dem Abgeltungsteuerregime als steuerlich unbeachtlich und führte hierzu unter Berufung auf den Wortlaut der *Nr. 11* bereits im Jahre 2007[11] gegenüber den kreditwirtschaftlichen Verbänden aus:

„Da dem Gesetzeswortlaut nichts Entsprechendes zu entnehmen ist, bleibt es dabei, dass der Vermögensverlust, den der Stillhalter dadurch erleidet, dass er auf Grund des Optionsgeschäfts einen Barausgleich zu leisten hat, einen einkommensteuerrechtlich unbeachtlichen Vermögensschaden darstellt."

Im Jahre 2016 vertrat das *FG Hamburg*[12] die gleiche Ansicht und verweist zur Begründung auf

- die Systematik der Abgeltungsteuer[13],
- die Einschlägigkeit des § 20 Abs. 9 EStG[14],
- die Nichteinschlägigkeit
  - der *Nr. 11*[15],
  - der *geltenden Norm*[16],
  - des § 20 Abs. 1 S. 1 Nr. 3 Buchstabe b EStG[17] und
  - des § 20 Abs. 1 Nr. 7 EStG[18] sowie auf die
- Verschiedenheit der Steuersubjekte[19]: *SH* und *OK*.

---

10 BMF v. 18.1.2016, BStBl I 2016, 85, Rz. 26, 34.
11 BMF v. 14.12.2007, IV B 8 – S 2000/07/0001, HaufeIndex 1993911, Tz. 4 Buchst. h;
    BMF-Nachweis auch bei: *Hahne*, BB 2008, 1101, 1102.
12 FG Hamburg v. 10.6.2016, 5 K 185/13.
13 FG Hamburg v. 10.6.2016, 5 K 185/13, Rdn. 90 bis 98.
14 FG Hamburg v. 10.6.2016, 5 K 185/13, Rdn. 99 bis 103, 116, 128.
15 FG Hamburg v. 10.6.2016, 5 K 185/13 (Rdn. 68 ff.) unter Einbeziehung des Wortlauts
    (Rdn. 70 bis 76), der Gesetzesbegründung (Rdn. 77 bis 80), der Systematik (Rdn. 81 bis
    86) und dem Sinn und Zweck der Norm (Rdn. 81 bis 86).
16 FG Hamburg v. 10.6.2016, 5 K 185/13, Rdn. 104 bis 126.
17 FG Hamburg v. 10.6.2016, 5 K 185/13, Rdn. 130.
18 FG Hamburg v. 10.6.2016, 5 K 185/13, Rdn. 68 f.
19 FG Hamburg v. 10.6.2016, 5 K 185/13, Rdn. 129.

2 Andere Auffassung
der Banken-Lobby

Diverse Verbände hatten während des Gesetzgebungsverfahrens[20] zum Entwurf der *Nr. 11* (EStG-E) die Abzugsfähigkeit des *SH-BA* gefordert[21].

Die im WebArchiv des Bundestages dokumentierte Forderung des *ZKA* vom 20.4.2007[22]

> http://webarchiv.bundestag.de
> /cgi/showsearchresult.php?filetoload=
> /srv/www/htdocs/archive/2008/0314/ausschuesse/a07
> /anhoerungen/057/Stellungnahmen
> /29-Zentraler_KreditA.pdf&id=1067
>
> **Schreiben des *ZKA* vom 20.4.2007** – DA/Dr.Dk/kg – A V/11/12a
> zum Entwurf eines Unternehmensteuerreformgesetzes 2008
> – Teil II: Abgeltungsteuer –, Anlage, dort Seite 2 f.
> – anlässlich der Anhörung vor dem *FinA* am 7.5.2007 –

hat diesen Wortlaut:

„Stillhalterprämie: ...

Ferner ist eine Regelung erforderlich, die es dem Stillhalter bei der Ausübung der Option erlaubt, den von ihm zu zahlenden Barausgleich steuerlich geltend zu machen. Eine Nichtberücksichtigung würde das Nettoprinzip eklatant verletzen.

---

20 Unternehmensteuerreformgesetz 2008, v. 14.8.2007, BGBl. I 2007, 1912.
21 Vgl. *Haisch/Krampe*, FR 2010, 311, 315; dort Fn. 42 unter Hinweis auf eine Stellungnahme des *ZKA* v 20.4.2007 (Seite 2) und einer weitere Stellungnahme der BStBK v 20.4.2007 (dort Seite 12)..
22 Abgerufen am 4.4.2016.

Begründung ...

Vom Stillhalter bei Ausübung gezahlter Barausgleich
als negative Einnahmen:

Auch bei der Ausübung von Optionen darf im Ergebnis nur der verbleibende Vermögenszuwachs beim Stillalter der Besteuerung unterworfen werden.

Dies ist aber nur sichergestellt, wenn es sich um Optionen auf handelbare Basiswerte (z. B. Aktien) handelt. Übt der Inhaber einer Kaufoption diese aus, muss der Stillhalter den Basiswert liefern; beim Stillhalter ergibt sich ein steuerlich relevantes Wertpapierveräußerungsgeschäft.

Wird eine Verkaufsoption ausgeübt, muss der Stillhalter den Basiswert ankaufen; auch hier kommt es zu einem steuerlich relevanten Wertpapierveräußerungsgeschäft. Der Verlust aus der Ausübung der Option wird folglich steuerlich berücksichtigt. Bei Optionen auf nicht handelbare Werte (Index-Optionen) fehlt es hingegen an einer Regelung, die dies sicherstellt.

Beispiel:

Bei einem Kurs des Index A von 500 verkauft der Stillhalter 200 Optionen mit dem Basispreis 400. Dafür erhält er eine Prämie von 100 pro Option = 20.000 €. Am Fälligkeitstag liegt der Kurs des Index A bei 510. Die Optionen werden ausgeübt, der Stillhalter muss einen Barausgleich von 22.000 € leisten [(510 - 400) = 110 x 200].

Ergebnis für den Stillhalter:

Erhaltene Stillhalterprämien	*20.000 €*
Gezahlter Barausgleich	*22.000 €*
= Verlust in Höhe von	*2.000 €*

Obwohl der Stillhalter im Beispiel einen Verlust erlitten hat, muss er nach derzeitiger Auffassung der Finanzverwaltung vollumfänglich die Stillhalterprämie von 20.000 € versteuern und kann den gezahlten Barausgleich nicht gegenrechnen.

Bei künftig umfassender Wertzuwachsbesteuerung ist diese prohibitiv wirkende Besteuerung bei Optionen, bei denen nur ein Barausgleich möglich ist, nicht hinnehmbar.

Sie widerspricht eindeutig dem Nettoprinzip, wonach nur der tatsächliche Vermögenszuwachs (positiv oder negativ) besteuert werden darf. Der gezahlte Barausgleich muss daher als negative Einnahme steuerlich berücksichtigt werden. ".

Der Gesetzgeber hat dieses Begehren des ZKA – obgleich vor dem *FinA* auch mündlich vorgetragen[23] – jedoch nicht realisiert, denn *Nr. 11* EStG-E ging unverändert durch das Parlament.

Auch in Nachhinein hat der Gesetzgeber keine Regelung geschaffen, welche den *SH-BA* steuerlich berücksichtigt.

---

23 FinA-Prot 16/57, Seite 7 unten.

3 Ebenso a n d e r e Auffassung: *S8* und Vorinstanz

Das FG Niedersachsen[24] plädierte im Jahre 2013 für negative Kapitalein-
künfte vermittels einer Analoganwendung der *Nr. 11*. In der Revision[25]
bestätigte *S8* dieses Urteil im Grundsatz, jedoch mit anderer Begründung:
Nicht nach *Nr. 11*, sondern in Anwendung der *geltenden Norm*[26] sei der *SH-
BA* steuerlich in Abzug zu bringen[27]. Lediglich zu Fragen der – für hiesige
Analyse nicht interessieren – Verlustverrechnung widerspricht *S8* seiner
Vorinstanz teilweise.

Das BMF hat die Entscheidung *VIII R 55/13*[28] im BStBl Teil II abgedruckt
ohne jedoch die entgegenstehende anderslautende ältere Anweisung[29] im
Sinne der Entscheidung *VIII R 55/13* abzuändern.

Im Streitfall tätigte der Kläger diverse Optionsgeschäfte an der EUREX.

Er räumte am 19.12.2008 *Verkaufs*optionen auf den Dow-Jones-Euro-Stoxx-
50-Index mit der Verpflichtung ein, zum Ende der Laufzeit am 19.6.2009 die
Differenz zwischen dem tatsächlichen Schlussabrechnungspreis und dem
Basiswert auszugleichen. Der Kläger erhielt dafür eine *SH*-Prämie in Höhe
von 168.952 €, welche im Jahre 2008 seinem Depot gutgeschrieben wurde.
Bei Endfälligkeit im Jahre 2009 zahlte der Kläger einen *BA* in Höhe von
165.791 €.

Zudem räumte der Kläger am 17.4.2009 *Kauf*optionen auf den Dow-Jones-
Euro-Stoxx-50-Index ein mit der Verpflichtung, zum Ende der Laufzeit am
19.6.2009 die Differenz zwischen dem tatsächlichen Schlussabrechnungspreis und dem Basiswert auszugleichen. Der Kläger erhielt dafür eine *SH*-
Prämie in Höhe von 11.702 € und zahlte im Jahr 2009 einen *BA* in Höhe
von 19.299 €.

---

24 Niedersächsisches FG v. 28.8.2013, 2 K 35/13, EFG 2014, 541, nachgehend teils anders:
    S8 in BFH v. 20.10.2016, VIII R 55/13, BStBl II 2017, 264.
25 BFH v. 20.10.2016, VIII R 55/13, BStBl II 2017, 264.
26 *S8* darin zustimmend: *Hahne/Phillip*, DB 2017, 457.
27 BFH v. 20.10.2016, VIII R 55/13, BStBl II 2017, 264, Rdn. 28 bis 32.
28 BFH v. 20.10.2016, VIII R 55/13, BStBl II 2017, 264.
29 BMF v. 18.1.2016, BStBl I 2016, 85, Rz. 26, 34.

Das Finanzamt lehnte die steuerliche Berücksichtigung der beiden im Jahr 2009 gezahlten *BA* in Höhe von insgesamt 185.090 € ab. Die hiergegen erhobene Klage hatte Erfolg[30]. *S8* jedoch hat der Revision des Finanzamts stattgegeben, das Urteil des Finanzgerichts aufgehoben und die Klage zum überwiegenden Teil mangels einer Verlustverrechnungsmöglichkeit abgewiesen.

---

30 Niedersächsisches FG v. 28.8.2013, 2 K 35/13, EFG 2014, 541, nachgehend teils anders: *S8* in BFH v. 20.10.2016, VIII R 55/13, BStBl II 2017, 264.

4 Besprechung von *VIII R 55/13*

S8 hält seine Herleitung der Anwendbarkeit der *geltenden Norm* kurz[31] und widerspricht dem BMF[32]. Eine eingehende Kontrolle dieser Logik offenbart jedoch fortlaufende Brüche in der Beweisführung des *S8*:

4.1 Zustimmung: *Nr. 11* regelt *SH-BA* nicht

Der *SH-BA* wird von *Nr. 11* nicht erfasst (*ZKA*: Ziff. 2; BMF: Ziff. 1; *FG Hamburg*[33]). Zuzustimmen ist *S8* also darin, mangels planwidriger Regelungslücke scheide eine verlustbringende Analoganwendung der *Nr. 11* aus[34].

Eine Lücke ist schon wegen der Einwände des *ZKA* vor dem *FinA* (Ziff. 2) sicher auszuschließen: Der Gesetzgeber hat mit *Nr. 11* willentlich eine Fortschreibung des bisherigen Zustandes (*IX R 40/06*[35]: *SH-BA* nicht abziehbar) ins Recht gesetzt.

Dieser Wille geht schon aus dem Wortlaut der *Nr. 11* hervor (BMF: Ziff. 1; *FG Hamburg*[36]). Missverständlich ist deshalb der Einwand des *S8* (in anderem Kontext, vgl. u. Ziff. 4.2), der Gesetzgeber habe in der Gesetzesbegründung nicht dargetan, er wolle den *SH-BA* nicht zum Abzug zulassen[37]. Hierzu hatte der Gesetzgeber keinen Anlass, weil er eine Änderung der Rechtslage gerade nicht herbeiführen wollte[38].

4.2 Ablehnung: Auslegung geltenden Rechts
(*geltende Norm* erfasse den *SH-BA*)

Nicht folgerichtig erscheint bereits die Herleitung des *S8*[39], der *SH-BA* unterfalle der *geltenden Norm*:

---

31 BFH v. 20.10.2016, VIII R 55/13, BStBl II 2017, 264, Rdn. 28 bis 32.
32 BFH v. 20.10.2016, VIII R 55/13, BStBl II 2017, 264, Rdn. 28 S. 1.
33 FG Hamburg v. 10.6.2016, 5 K 185/13, Rdn. 70 bis 98.
34 BFH v. 20.10.2016, VIII R 55/13, BStBl II 2017, 264, Rdn. 28 S. 3, 32 S. 2.
35 BFH v. 17.4.2007, IX R 40/06, BStBl II 2007, 608.
36 FG Hamburg v. 10.6.2016, 5 K 185/13, Rdn. 70 bis 76.
37 BFH v. 20.10.2016, VIII R 55/13, BStBl II 2017, 264, Rdn. 31 S. 4.
38 FG Hamburg v. 10.6.2016, 5 K 185/13, Rdn. 70 bis 76.
39 BFH v. 20.10.2016, VIII R 55/13, BStBl II 2017, 264; Rdn. 28 S. 2, 30 S. 8; 32 S. 3; Begründung in: Rz 30.

a) Wertzuwächse nur im jeweiligen Normsinne:

S8 trägt unter Hinweis auf BTDrucks 16/4841, 55 vor, die *geltende Norm* regele neben *Nr. 11* die Besteuerung von Wertzuwächsen aus Termingeschäften[40]. Dies trifft für den punktuellen Anwendungsbereich der *geltenden Norm* zu, sofern man zugleich einen Systemwechsel im Sinne einer generellen Substanzbesteuerung verneint (Ziff. 4.6 b).

b) Zustimmung S8: Geltende Norm entspricht Hs. 1 der Alt-Norm:

S8 trägt weiter vor, der Wortlaut der *geltenden Norm* entspreche im Wesentlichen dem *Hs. 1 der Alt-Norm*[41]. Das trifft zu.

c) Entgegen S8: SH praktiziere Termingeschäfte i. S. der geltenden Norm:

S8 zitiert sodann den Wortlaut der *geltenden Norm*[42] um vorzutragen, zu den Termingeschäften gehören auch Optionsgeschäfte[43]. Dies berührt nicht den *SH*: Die Einräumung der Option erfüllt für den *SH* nicht die Voraussetzung eines Termingeschäftes, denn schon die *Alt-Norm* hatte nur Erwerbe (etwa des *OK)*, nicht aber den Fall, dass ein Stpfl. (*SH*) einem anderen eine Option einräumt und dafür eine Prämie vereinnahmt, erfasst[44].

Dies erkennt zwar auch *S8*[45], zieht dann aber auch unter Verweis auf die Trennungstheorie des *S9*[46] den Fehlschluss, nämliche Aussage (*SH*-Prämie unterfalle nicht der *Alt-Norm*) beziehe sich allein auf überkommenes Recht[47]. Für die Anwendung der *geltenden Norm* gelte die neue Einheitsbetrachtung des *S9*[48].

Daraus – so ist *S8* insgesamt[49] zu verstehen – sei zu schließen, das Handeln des *SH* sei nach Maßgabe der *geltenden Norm* als Termingeschäft zu werten[50].

---

40 BFH v. 20.10.2016, VIII R 55/13, BStBl II 2017, 264, Rdn. 30 S. 1.
41 BFH v. 20.10.2016, VIII R 55/13, BStBl II 2017, 264, Rdn. 30 S. 2.
42 BFH v. 20.10.2016, VIII R 55/13, BStBl II 2017, 264, Rdn. 30 S. 3.
43 BFH v. 20.10.2016, VIII R 55/13, BStBl II 2017, 264, Rdn. 30 S. 4.
44 BFH v. 17.4.2007, IX R 40/06, BStBl II 2007, 608 *(Rz. 16 bis 19)*; *FG Hamburg* v. 10.6.2016, 5 K 185/13, Rdn. 112; BFH v 25.5.2010, IX B 179/09, BFH/NV 2010, 1627 (Rz. 15); BFH v. 11.2.2014, IX R 10/12, BFH/NV 2014, 1020 (Rdn. 36); BFH v. 11.2.2014, IX R 46/12, BFH/NV 2014, 1025 (Rdn. 21); *Heuermann*, DB 2004, 1848, 1852.
45 BFH v. 20.10.2016, VIII R 55/13, BStBl II 2017, 264, Rdn. 18 S. 1.
46 BFH v. 20.10.2016, VIII R 55/13, BStBl II 2017, 264, Rdn. 18 S. 3 bis 5.
47 BFH v. 20.10.2016, VIII R 55/13, BStBl II 2017, 264, Rdn. 18 S. 2.
48 BFH v. 20.10.2016, VIII R 55/13, BStBl II 2017, 264, Rdn. 18 S. 6.
49 Unter Einstrahlung der Erläuterungen des *S8* zu geltendem Recht: *Rz 28 ff.*.
50 BFH v. 20.10.2016, VIII R 55/13, BStBl II 2017, 264, Rdn. 19 S. 2 und 3.

Dieser Schluss ist nicht folgerichtig, weil die *geltende Norm* – abgesehen vom Wegfall der Jahresfrist – nichts anderes regelt, als die *Alt-Norm* geregelt hatte[51].

Zur weiteren Begründung[52] bezieht sich *S8* auf *IX R 50/09*[53]. Die *S9*-Sache *IX R 50/09* betraf jedoch (a) einen *OK* (nicht einen *SH*) und entbehrt (b) infolge schwerwiegender Rechtsanwendungsfehler methodischer Aufklärung[54].

Ebenso unbehilflich ist die Bezugnahme auf die neue Einheitsbetrachtung des *S9*, weil *S9* es versäumt hat, die von ihm in *IX R 48/14*[55] mit drei Sätzen „erklärte" Aufgabe der Trennungstheorie nachvollziehbar zu begründen[56]:

Die von *S9*[57] hingegen gut begründete Trennungstheorie beansprucht also – anders als *S8*[58] dies anführt – auch im geltenden Recht weiter Geltung. Also auch nach der *geltenden Norm* ist das Handeln des *SH* nicht als Termingeschäft zu beurteilen, weshalb der *SH-BA* – schon weil es dem *SH* am nötigen Rechtserwerb sowie am Erlangen eines *BA* fehlt – nicht der *geltenden Norm* unterfallen kann[59]. Hierzu vertiefend:

d) Entgegen S8: SH könne negativen Barausgleich erlangen:

S8 führt sodann an, Gewinn (im Sinne des § 20 Abs. 4 S. 5 EStG) könne auch ein Verlust sein[60] und der *SH* könne nach der *geltenden Norm* einen negativen Differenzausgleich (*BA*) erlangen[61]. Diese Wertung lässt sich rechtslogisch nicht nachvollziehen: Die Einkommensteuer ist eine Personensteuer (§ 1 EStG) und der *SH* müsste zunächst die Tatbestandsmerkmale der *geltenden Norm* erfüllen.

---

51 Siehe auch: BFH v. 20.10.2016, VIII R 55/13, BStBl II 2017, 264, Rdn. 30 S. 2.
52 BFH v. 20.10.2016, VIII R 55/13, BStBl II 2017, 264, Rdn. 19 S. 3; Rdn. 17 S. 5.
53 BFH v. 26. 9.2012, IX R 50/09, BStBl II 2013, 231.
54 *IX R 50/09* als nicht belastbare Sekundärrechtsquelle: Eingehende Beweisführung bei: **Stein**, Update 2017: Die verfallene Option in der Abgeltungsteuer (Norderstedt, Februar 2017, ISBN 978-3-743-15197-0), Ziff. 2 (S. 37 bis 54).
55 BFH v. 12.1.2016, IX R 48/14, BStBl II 2016, 456.
56 *Stein* (Fn. 54), Ziff. 1.3.2 (S. 18 bis 22).
57 Treffend zuletzt: BFH v. 12.7.2016, IX R 11/14, BFH/NV 2016, 1691 (Rn. 27 f.); BFH v. 10.2.2015, IX R 8/14, BFH/NV 2015, 830 (unter II.1.a).
58 BFH v. 20.10.2016, VIII R 55/13, BStBl II 2017, 264, Rdn. 18 S. 6, Rdn. 32 S. 1.
59 FG Hamburg v. 10.6.2016, 5 K 185/13, Rdn. 104 bis 126.
60 BFH v. 20.10.2016, VIII R 55/13, BStBl II 2017, 264, Rdn. 30 S. 6.
61 BFH v. 20.10.2016, VIII R 55/13, BStBl II 2017, 264, Rdn. 30 S. 5.

Die *geltende Norm* regelt jedoch nicht die Besteuerung des *SH*[62]. Einen Gewinn *„bei Termingeschäften"* kann der *SH* nicht erlangen[63].

Mit *„erlangt"* beschreibt die *geltende Norm* einen tatsächlichen Vorteil, keinen Nachteil[64]. Um der *geltenden Norm* zu unterfallen, müsste der *SH* einen *BA* *„erlangt"* haben. *SH* *„erlangt"* jedoch nichts. *SH* zahlt vielmehr: Den *BA* an den *OK*[65].

Die Leistung des *SH* bewirkt, wie erwähnt, kein Termingeschäft (oben c[66]), wie es die *geltende Norm* aber verlangt (*„ bei Termingeschäften"*[67]). Es fehlt dem *SH* zudem am Erwerb. Die *geltende Norm* erfasst – wie schon die *Alt-Norm*[68] – den Erwerb des Rechts[69]. Indessen:

- Der *SH* erwirbt kein Recht.
- Der *SH* räumt (dem *OK*) ein Recht ein.

Dafür erhält der *SH* eine Prämie. Diese ist jedoch kein *„ Geldbetrag"* (weder im Sinne von *Hs. 1* der *Alt-Norm* noch der *geltenden Norm*[70]) weil die Prämie sich nicht durch einen *„ Wert einer veränderlichen Bezugsgröße"* bestimmt[71].

Wenn die *geltende Norm*, das Wirken des *SH* (Rechtseinräumung; Stillhaltung) also nicht erfasst, bleibt es ohne Rechtserkenntnis, wenn *S8* weiter anführt, die Ermittlungsnorm des § 20 Abs. 4 S. 5 EStG erfasse auch Verluste[72].

Denn: Die Ermittlungsnorm bleibt denknotwendig ohne Anwendung, wenn bereits die *geltende Norm* für den *SH* außen vor bleibt[73].

---

62 FG Hamburg v. 10.6.2016, 5 K 185/13, Rdn. 105, 118; *Ratschow* in Blümich, EL 129 August 2015, § 20 EStG Rz. 348.
63 FG Hamburg v. 10.6.2016, 5 K 185/13, Rdn. 108.
64 *Stein* (Fn. 54) Ziff. 2.3.1.2 (S. 41).
65 FG Hamburg v. 10.6.2016, 5 K 185/13, Rdn. 110 Satz 2.
66 Seite 20.
67 Vgl. a. BFH v. 20.10.2016, VIII R 55/13, BStBl II 2017, 264, Rdn. 31 S. 1.
68 BFH v 25.5.2010, IX B 179/09, BFH/NV 2010, 1627; BFH v. 11.2.2014, IX R 10/12, BFH/NV 2014, 1020 (Rdn. 36, 39, 40, 42); BFH v. 11.2.2014, IX R 46/12, BFH/NV 2014, 1025.
69 FG Hamburg v. 10.6.2016, 5 K 185/13, Rdn. 119 f.
70 Fortschreibungswille des Gesetzgebers / Wahrung des Status Quo: *Stein* (Fn. 54), Ziff. 1.3.4 (S. 23 ff.) und Ziff. 4.1.1 (S. 67 ff.).
71 Zur *Alt-Norm*: BFH v. 11.2.2014, IX R 10/12, BFH/NV 2014, 1020 (Rdn. 40); BFH v. 11.2.2014, IX R 46/12, BFH/NV 2014, 1025 (Rdn. 25).
72 BFH v. 20.10.2016, VIII R 55/13, BStBl II 2017, 264, Rdn. 30 S. 6.
73 FG Hamburg v. 10.6.2016, 5 K 185/13, Rdn. 104.

4.3 Ablehnung:

Änderung der Rechtsprechung überkommenen Rechts

(*Alt-Norm* erfasse den *SH-BA*)

S8 beurteilt den *SH-BA* auch nach überkommenem Recht: Der *SH-BA* sei nach der *Alt-Norm* als Verlust zu berücksichtigen[74]. Auch diese Herleitung lässt sich rechtslogisch nicht nachvollziehen. Die Analyse im Detail:

a) Beurteilung nach S9 bisher (bis IX R 40/06[75]):

Die vom *SH* vereinnahmten Prämien unterlagen vor 2009 der Besteuerung nach § 22 Nr. 3 EStG a. F. Ein vom *SH* geleisteter *BA* gehörte nach der Rechtsprechung des *S9* zu den Aufwendungen, die nicht die Höhe der *SH*-Einnahmen berührten[76] und diese Auffassung deckte sich mit derjenigen des BMF zur Rechtslage (nach der *Alt-Norm*) bis zum 31.12.2008[77].

b) Kritik zur – rechtsprechungsändernden – Beurteilung
des S8 (ab VIII R 55/13[78]):

Nach Ansicht des *S8* sei der *SH-BA* hingegen – was *S9* jedoch ausgeschlossen hatte (oben *a*) – gemäß der *Alt-Norm* als Verlust zu berücksichtigen[79]. Dies bedeutet eine stillschweigende Änderung der Rechtsprechung zu ausgelaufenem Recht, denn *S9* hatte den *SH-BA* als nicht mit der *SH*-Prämie (steuerliche Einnahme) verrechenbar beurteilt und insbesondere nicht unter den Tatbestand der *Alt-Norm* subsumiert (etwa: *IX R 40/06[80]*).

Diese Auslegung des *S8* bleibt ohnedies unergründlich:

aa) Zunächst führt *S8* noch treffend an, die *SH*-Prämie sei kein „*Geldbetrag*" im Sinne der *Alt-Norm*[81] und die Besteuerung des *BA* sei davon zu trennen[82]. Sonach aber verfällt *S8*[83] auf die Ermittlungsvorschrift im überkommenen Recht (nämlich auf § 23 Abs. 3 S. 5 EStG a. F.) um dazu vorzu-

---

74 BFH v. 20.10.2016, VIII R 55/13, BStBl II 2017, 264, Rdn. 14 bis 20.
75 BFH v. 17.4.2007, IX R 40/06, BStBl II 2007, 608.
76 BFH v. 17.4.2007, IX R 40/06, BStBl II 2007, 608; BFH v 26.5.2010, IX B 179/09, BFH/NV 2010, 1627.
77 *Dahm/Hamacher*, Termingeschäfte im Steuerrecht, 2. Auflage 2014, Seite 26 (Rdn. 30).
78 BFH v. 20.10.2016, VIII R 55/13, BStBl II 2017, 264.
79 BFH v. 20.10.2016, VIII R 55/13, BStBl II 2017, 264, Rdn. 14 bis 20.
80 BFH v. 17.4.2007, IX R 40/06, BStBl II 2007, 608.
81 BFH v. 20.10.2016, VIII R 55/13, BStBl II 2017, 264, Rdn. 18 S. 3.
82 BFH v. 20.10.2016, VIII R 55/13, BStBl II 2017, 264, Rdn. 18 S. 5.
83 BFH v. 20.10.2016, VIII R 55/13, BStBl II 2017, 264, Rdn. 19 S. 1.

tragen, diese erfasse auch den negativen *BA* als Verlust[84], welcher (so *S8* unter Berufung auf *IX R 50/09*[85] weiter) bei einem Termingeschäft „*erlangt*" werden könne[86].

Diese Weiterungen[87] sind jedoch folgewidrig: Der *SH* verwirklicht kein Termingeschäft (Ziff. 4.2 c), wie schon die Vorinstanz[88] zu *VIII R 55/13*[89] ebenso mit Blick auf die *Alt-Norm* treffend ausgeführt hatte.

Zudem greift die Alt-Ermittlungsvorschrift (§ 23 Abs. 3 S. 5 EStG a. F.) erst ein, wenn eine Steuerbarkeit des Vorgangs (hier: *SH-BA*) nach der *Alt-Norm* gegeben wäre, was – wie eben begründet – nicht der Fall ist (Ziff. 4.2 c[90]; *IX R 40/06*[91]), weshalb ein diesbezüglicher Rückschluss von der Alt-Ermittlungsnorm (§ 23 Abs. 3 S. 5 EStG a. F.) auf die *Alt-Norm* keine verwertbare Rechtserkenntnis erbringt[92] (a n d e r s jedoch *S8*[93]).

bb) Ebenso unbehilflich ist die Bezugnahme des *S8*[94] auf *IX R 50/09*[95], weil diese Entscheidung (a) nicht den *SH* (sondern den *OK*) beurteilte und (b) nicht methodisch vorgeht[96].

So ist *IX R 50/09*[97] schon nicht darin zu folgen, die *Alt-Norm* erfasse einen negativen *BA* des *OK*, weil kein *OK* einen *BA* an den *SH* leistet, sondern das „*aus dem Geld gelaufene*" Recht verfallen lässt.

IX R 50/09[98] verkennt damit, dass sich die Auslegung der *Alt-Norm* nicht an Fiktionen sondern am tatsächlich verwirklichten Sachverhalt orientieren soll[99].

---

84 BFH v. 20.10.2016, VIII R 55/13, BStBl II 2017, 264, Rdn. 19 S. 2.
85 BFH v. 26. 9.2012, IX R 50/09, BStBl II 2013, 231.
86 BFH v. 20.10.2016, VIII R 55/13, BStBl II 2017, 264, Rdn. 19 S. 3.
87 BFH v. 20.10.2016, VIII R 55/13, BStBl II 2017, 264, Rdn. 19 S. 2 und 3.
88 Niedersächsisches FG v. 28.8.2013, 2 K 35/13, Rdn. 17.
89 BFH v. 20.10.2016, VIII R 55/13, BStBl II 2017, 264.
90 Seite 20.
91 BFH v. 17.4.2007, IX R 40/06, BStBl II 2007, 608.
92 Vgl. ferner BFH v. 9.5.2007, VIII R 54/14, Rdn. 18 S. 2: „.... *eine Einkünfteermittlungs-vorschrift ..., die ... jedoch kein Besteuerungsrecht ... begründet* " .
93 BFH v. 20.10.2016, VIII R 55/13, BStBl II 2017, 264, Rdn. 19 S. 3.
94 BFH v. 20.10.2016, VIII R 55/13, BStBl II 2017, 264, Rdn. 19 S. 3.
95 BFH v. 26. 9.2012, IX R 50/09, BStBl II 2013, 231.
96 *Stein* (Fn. 54), Ziff. 2 (S. 37 ff.).
97 BFH v. 26. 9.2012, IX R 50/09, BStBl II 2013, 231.
98 BFH v. 26. 9.2012, IX R 50/09, BStBl II 2013, 231.
99 *Stein* (Fn. 54), Ziff. 2 (S. 37 ff.).

S8 erklärt[100] zudem nicht, was ein hypothetischer negativer *BA* (*OK* zahlt imaginär an *SH*) mit dem vom *SH* tatsächlich an einen *OK* gezahlten *BA* (*SH-BA*) zu tun hat. *S8* hat hier aus den Augen verloren, dass die *OK*-Rechtsprechung eine eigene Fallgruppe bildet, welche keine Erkenntnisse zur *SH*-Besteuerung liefern kann. Hinzu kommt, dass *S8* auf die gebotene getrennte Beurteilung der Steuersubjekte (*SH* hier und *OK* dort) verzichtet[101].

cc) Zu bemängeln ist auch, dass *S8* ausführt, er halte an der an der Rechtsprechung (des *S9*) fest[102], obgleich *S8* eine Umkehr der Rechtsprechung (des *S9*[103]) zur *SH*-Besteuerung im überkommenem Recht vollzieht. Es ist mit Blick auf den Grundsatz der Rechtskontinuität aber nicht angemessen, eine Rechtsprechung nach Auslaufen des Rechts wieder in Frage zu stellen[104].

S8 bedient sich an dieser Stelle[105] eines „Trugbildes", weil *S8* jene Rechtsprechung, von der *S8* abweicht, nicht erwähnt: *S9* hatte wie erwähnt mit *IX R 40/06*[106] festgestellt, das Wirken des *SH* unterfalle nicht der *Alt-Norm*. *S8*[107] erwähnt nämliche Sache (*IX R 40/06*[108]) aber gerade nicht im Kontext mit jenen Entscheidungen[109], an denen er „festzuhalten"[110] gedenkt.

Statt dessen nimmt *S8* etwa auf IX R 68/07[111] Bezug[112], eine Entscheidung, welche zu dem vor 1999 geltenden Recht ergangen war: Lediglich als obiter dictum führt *S9* in IX R 68/07 aus, nach dem ab 1999 geltenden Recht liege bei Leistung eines Differenzausgleichs (unter den gesetzlich bestimmten weiteren Voraussetzungen) ein steuerbarer und steuerpflichtiger Vorgang vor.

---

100 In: BFH v. 20.10.2016, VIII R 55/13, BStBl II 2017, 264, Rdn. 19.
101 FG Hamburg v. 10.6.2016, 5 K 185/13, Rdn. 129.
102 BFH v. 20.10.2016, VIII R 55/13, BStBl II 2017, 264, Rdn. 16.
103 BFH v. 17.4.2007, IX R 40/06, BStBl II 2007, 608; BFH v. 12.7.2016, IX R 11/14, BFH/NV 2016, 1691, Rn. 27.
104 BFH v. 11.2.2014, IX R 10/12, BFH/NV 2014, 1020 (Rdn. 48); BFH v. 24.4.2012, IX B 154/10, BStBl II 2012, 454.
105 BFH v. 20.10.2016, VIII R 55/13, BStBl II 2017, 264, Rdn. 16: Festhaltung mit indirektem Bezug auf Rdn. 14.
106 BFH v. 17.4.2007, IX R 40/06, BStBl II 2007, 608.
107 BFH v. 20.10.2016, VIII R 55/13, BStBl II 2017, 264, Rdn. 14 S. 1.
108 BFH v. 17.4.2007, IX R 40/06, BStBl II 2007, 608.
109 Aufgelistet in: BFH v. 20.10.2016, VIII R 55/13, BStBl II 2017, 264, Rdn. 14 S. 1.
110 BFH v. 20.10.2016, VIII R 55/13, BStBl II 2017, 264, Rdn. 16.
111 BFH v. 13.2.2008, IX R 68/07, BStBl II 2008, 522.
112 BFH v. 20.10.2016, VIII R 55/13, BStBl II 2017, 264, Rdn. 14 S. 1.

Auch der Verweis des *S8* auf die Sache IX R 10/12[113] ist irritierend: Dort hatte *S9* gerade ausgeführt, die *SH*-Prämie sei nicht (zusammen mit anderen Optionsgeschäften einheitlich) der *Alt-Norm* zuzuordnen, weil diese nur erworbene, nicht aber eingeräumte Optionen betreffe[114].

Sofern *S8* den in *Rdn.* 14 S. 1[115] notierten Entscheidungen[116] also entnimmt, *„der Verlust des Stillhalters, der durch einen Barausgleich im Basisgeschäft entsteht"*, zähle seit Einführung der *Alt-Norm* ab 1999 *„nicht mehr zur nicht steuerbaren Vermögensebne"* kann *S8* daraus nicht mit Erfolg herleiten, der *SH-BA* sei im überkommenen Recht (vor 2009) steuerlich zu berücksichtigen (so a b e r *S8*[117]).

S8 missversteht (in Rdn. 14[118]) die Ausführungen des *S9* zur *„nicht steuerbaren Vermögensebne"*, welche auf dieser Historie gründen:

Der Gesetzgeber war im Jahre 1999 mit der Schaffung der (nur auf den *OK* zugeschnittenen, s. o.) *Alt-Norm* und der diesbezüglichen Verlustverrechnungsbeschränkung darauf bedacht, eine weitere Steuerquelle im Privatvermögen zu erschließen[119]. Termingeschäfte die auf einen Differenzausgleich (*BA*) in bar gerichtet waren, bewegten sich bis dahin (vor 1999) gänzlich, mithin einschließlich der Verluste, in der nicht steuerbaren Vermögenssphäre.

4.4   Zusammenfassende Auswertung von *VIII R 55/13*

Resümierend bleibt festzuhalten: Die Begründung in *VIII R 55/13*[120] hält einer an den gängigen Auslegungsregeln orientierten Nachprüfung nicht stand.

Vielmehr ist der *SH-BA* infolge deutlich näher liegender Auslegung sowohl vor als auch nach Einführung der Abgeltungsteuer nicht als Verlust des *SH*

---

113 BFH v. 11.2.2014, IX R 10/12, BFH/NV 2014, 1020 (Rdn. 36 ff.).
114 *Haisch*, DStZ 2007, 762, 765; *Haisch/Krampe*, FR 2010, 311, 315.
115 BFH v. 20.10.2016, VIII R 55/13, BStBl II 2017, 264, Rdn. 14 S. 1.
116 In BFH v. 20.10.2016, VIII R 55/13, BStBl II 2017, Rdn. 14 S. 1 notiert: BFH v. 13.2.2008, IX R 68/07, BStBl II 2008, 522; BFH v. 11.2.2014, IX R 10/12, BFH/NV 2014, 1020; BFH v. 12.7.2016, IX R 11/14, BFH/NV 2016, 1691; BFH v 25.5.2010, IX B 179/09, BFH/NV 2010, 1627.
117 BFH v. 20.10.2016, VIII R 55/13, BStBl II 2017, 264, Rdn. 14 S. 2.
118 In: BFH v. 20.10.2016, VIII R 55/13, BStBl II 2017, 264, Rdn. 14.
119 *Schlüter*, DStR 2000, 226.
120 BFH v. 20.10.2016, VIII R 55/13, BStBl II 2017, 264.

steuerlich zu berücksichtigen (unbeachtlicher Schaden auf der Vermögensebene: *FG Hamburg*[121]; BMF, Ziff. 1[122]).

S8 ist zwar darin zuzustimmen, eine verlustbringende Analoganwendung der *Nr. 11* scheide für den Fall, dass ein *SH* einem *OK* einen *BA* zahlt, aus (Ziff. 4.1). Hingegen kann *S8* nicht mit dem Vortrag[123] überzeugen, die Tatbestandsmerkmale der *geltenden Norm* seien beim *SH* erfüllt. Dies ist ersichtlich nicht der Fall[124] (Ziff. 4.2[125]; *FG Hamburg*[126]).

Weshalb also gelangt *S8* zu dieser Erkenntnis?

Möglichenfalls hat sich *S8* mit der Gesetzeshistorie zu *Nr. 11* nicht näher befasst, obgleich schon die Literatur[127] auf die Einwände der Verbände zu *Nr. 11* EStG-E hingewiesen hatte (Ziff. 2). Soll indes dem Willen des Gesetzgebers die ihm gebührende Beachtung zuteil werden[128], ist ein Blick in die Gesetzeshistorie oft unausweichlich.

S8 trägt vor, vermittels des Wörtchens „*bei*" einem Termingeschäft[129] habe der Gesetzgeber die *geltende Norm* weiter fassen wollen als die *Alt-Norm*[130] was dem Willen des Gesetzgebers entspräche[131], zumal die Gesetzesbegründung nichts Entgegenstehendes verlauten lasse[132].

Die Gesetzgebungshistorie und der mutmaßliche Wille des Gesetzgebers geben jedoch eine andere Auskunft:

Einer Erwähnung des *SH-BA* in der Gesetzesbegründung (zur *geltenden Norm* als auch derjenigen zur *Nr. 11*) bedurfte es nicht, weil der Gesetzgeber damit nicht die Besteuerung des *SH* regeln wollte. Anhaltspunkte, wonach der Gesetzgeber – abgesehen vom Wegfall der Haltefrist (Hs. 2 der *Alt-*

---

121 FG Hamburg v. 10.6.2016, 5 K 185/13.
122 Seite 11.
123 BFH v. 20.10.2016, VIII R 55/13, BStBl II 2017, 264, Rdn. 28 bis 32.
124 *Haisch/Krampe*, FR 2010, 311, 315; *Haisch*, DStZ 2007, 762, 765.
125 Seite 19.
126 FG Hamburg v. 10.6.2016, 5 K 185/13, Rdn. 104 bis 126.
127 *Haisch/Krampe*, FR 2010, 311, 315.
128 Vgl. a. *Hensel*, RdF 2014, 308 bis 315.
129 BFH v. 20.10.2016, VIII R 55/13, BStBl II 2017, 264, Rdn. 31 S. 1.
130 BFH v. 20.10.2016, VIII R 55/13, BStBl II 2017, 264, Rdn. 31 S. 2.
131 BFH v. 20.10.2016, VIII R 55/13, BStBl II 2017, 264, Rdn. 31 S. 3.
132 BFH v. 20.10.2016, VIII R 55/13, BStBl II 2017, 264, Rdn. 31 S. 4.

Norm) – die *geltende Norm* weiter fassen wollte als die *Alt-Norm* (deren Hs. 1) sind – anders als *S8*[133] meint – nicht ersichtlich.

Eine Subsumtion des *SH-BA* unter die *geltende Norm* erschließt sich nicht. Nachdem der *ZKA* mit seiner Kritik zu *Nr. 11* EStG-E vor dem *FinA* gescheitert war (Ziff. 2[134]), bleibt unerklärlich, weshalb *S8* dennoch vorträgt, der Gesetzgeber habe den *SH-BA* vermittels der *geltenden Norm* zum Abzug vorsehen wollen.

Eine besondere Erwähnung des *SH-BA* in der Gesetzesbegründung zu *Nr. 11* hielten die seinerzeit von der Bundesregierung beauftragten BMF-Autoren[135] des Gesetzentwurfes nicht für nötig, weil sie eine Fortschreibung (Ziff.: 1.3.4; 4.1.1) des bis 31.12.2008 geltenden Rechts, wonach der *SH-BA* nicht abziehbar / nicht verrechenbar war (Ziff. 1; Ziff. 4.3 a), im Sinn hatten und den danach ausgerichteten Wortlaut der *Nr. 11* für hinreichend eindeutig beurteilten.

Dies erklärt auch, weshalb das BMF – nach Verabschiedung des UntStRefG 2008[136] im August 2007 und in Kenntnis der dokumentierten Erfolglosigkeit des *ZKA* vor dem *FinA* im April 2007 (Ziff. 2) – im Dezember 2007 gegenüber den Verbänden[137] samt Hinweis *„bleibt es dabei"* auf den Wortlaut der *Nr. 11* verwies (Ziff. 1).

Auch der Hinweis des *S8*[138] auf BTDrucks 16/4841, 55 klärt nicht auf, was *S8* zum vermeintlichen Willen des Gesetzgebers vorträgt. In der BTDrucks 16/4841, 55 ist – anders als *S8* dies vorträgt – nicht von einer Erweiterung des Anwendungsbereiches der *geltenden Norm* im Hinblick zur *Alt-Norm* die Rede[139].

---

133 BFH v. 20.10.2016, VIII R 55/13, BStBl II 2017, 264, Rdn. 31 S. 2.
134 Seite 13.
135 Die Nachweise zur angeordneten Federführung des BMF am Gesetzentwurf bei: *Stein* (Fn. 54), Ziff. 1.3.7 (S. 30 f.).
136 Unternehmensteuerreformgesetz 2008, v. 14.8.2007, BGBl. I 2007, 1912.
137 Nachweis bei *Hahne*, BB 2008, 1101, 1102.
138 BFH v. 20.10.2016, VIII R 55/13, BStBl II 2017, 264, Rdn. 31 S. 3.
139 Danach (BTDrucks 16/4841, 55) umfasse der Begriff des Termingeschäfts unter anderem sämtliche als Options- oder Festgeschäft ausgestaltete Finanzinstrumente. Dabei sei es ohne Bedeutung, ob das Termingeschäft in einem Wertpapier verbrieft ist und ob es an einer amtlichen Börse oder außerbörslich abgeschlossen werde. Kennzeichen für Termingeschäfte sei ein zeitliches Auseinanderfallen von schuldrechtlicher Begründung des Geschäftes und seiner Erfüllung bzw. Beendigung. Gemäß § 2 Abs. 2 Nr. 1 WpHG seien Termingeschäfte

S8 unterstellt dem Gesetzgeber ambivalente Absichten, wenn *S8* zum Ausdruck bringt, *Nr. 11* sei eindeutig, weshalb Analogie ausscheide (Ziff. 4.1) um sodann vorzutragen, der Gesetzgeber habe den *SH-BA* im Rahmen der *geltenden Norm* erfassen wollen.

Die *geltende Norm* erfasst den seitens des *SH* verwirklichten Tatbestand (Recht einräumen, Stillhalten) indes offenkundig nicht.

Ebenso soll der *SH-BA* nach dem erkennbaren Willen des Gesetzgebers nicht abziehbar sein (*Nr. 11* samt Historie[140]; § 20 Abs. 9 EStG, *FG Hamburg*[141]).

Noch deutlicher wird dieser Wille des Gesetzgebers, wenn man bedenkt, dass ein *SH-BA* bereits nach dem bis zum 31.12.2008 geltenden Recht zu den Aufwendungen gehörte, die nicht die Höhe der *SH*-Einnahmen berührten (Ziff. 4.3.a).

Ergo: Der Gesetzgeber wollte – was *S8* anerkennt – den *SH-BA* in *Nr. 11* unberücksichtigt lassen. *S8* ist es mithin nicht gelungen, seinen Vortrag überzeugend zu unterlegen, der Gesetzgeber habe gleichwohl beabsichtigt, den *SH-BA* im Rahmen der *geltenden Norm* zum Abzug bringen.

Vielmehr spricht nahezu alles für den gegenteiligen Willen des Gesetzgebers zu einer Fortschreibung des seinerzeitigen Rechts und danach war der *SH-BA* steuerlich unbeachtlich (Ziff. 4.3.a). Daran ändert nichts, dass *S8* das überkommene Recht mit *VIII R 55/13*[142] anders bewertet als noch *S9* (etwa: *IX R 40/06*[143]).

Denn abgesehen davon, dass diese stillschweigende Änderung der Rechtsprechung in Gestalt einer anderen Auslegung der *Alt-Norm* auf einer folgewidrigen Bewertung beruht (Ziff. 4.3) und dem verfassungsgegebenen Grundsatz der Rechtskontinuität zuwiderläuft[144], kann der historische Wille des Gesetzgebers ohnehin nur für den Zeitraum der Entstehung bis zur Verkündung des Gesetzes erforscht und festgestellt werden.

Festgeschäfte oder Optionsgeschäfte, die zeitlich verzögert zu erfüllen sind und deren Wert sich unmittelbar oder mittelbar vom Preis oder Maß eines Basiswertes ableite.

140 Siehe Ziff. 2 (Seite 13 ff).
141 FG Hamburg v. 10.6.2016, 5 K 185/13.
142 BFH v. 20.10.2016, VIII R 55/13, BStBl II 2017, 264.
143 BFH v. 17.4.2007, IX R 40/06, BStBl II 2007, 608.
144 Es ist nicht angemessen, eine Rechtsprechung nach Auslaufen des Rechts wieder in Frage zu stellen: BFH v. 11.2.2014, IX R 10/12, BFH/NV 2014, 1020 (Rdn. 48); BFH v. 24.4.2012, IX B 154/10, BStBl II 2012, 454.

Diesen Willen hatte der Gesetzgeber im Jahre 2007 in Ansehung der Rechtslage (nämlich: unangefochtene Auffassung des BMF[145]) bis zu diesem Zeitpunkt (*SH-BA* bleibt steuerlich unberücksichtigt) ins Recht gesetzt. Dieser historische Wille ändert sich denknotwendig auch dann nicht, wenn *S8* im Jahre 2016 mit *VIII R 55/13*[146] vorträgt, schon das bis 31.12.2008 geltende Gesetz (*Alt-Norm*) habe den *SH-BA* zum Abzug zugelassen (zur Kritik vgl. erneut: Ziff. 4.3).

Sowieso hatte *S8* nicht den Auftrag, für ausgelaufenes Recht stillschweigend die Auslegung zu ändern, weil dies mit Blick auf viele rechtskräftig abgeschlossene Verfahren zu einer ungleichen steuerrechtlichen Behandlung führt (vgl. Ziff. 4.3). Mit dieser stillschweigenden Umkehr der Rechtsprechung folgt *S8* dem „*schlechten Beispiel*" des *S9:*

S9 hatte in seiner *OK*-Sache *IX R 50/09*[147] im Jahre 2012 – die *Alt-Norm* galt schon drei Jahre nicht mehr wie die *geltende Norm* schon ebenso lange in Kraft war – seine Auslegung stillschweigend geändert, ohne sich mit seinen, dem unmittelbar entgegenstehenden *Alt-Norm*-Urteilen, zu befassen[148].

Schon insofern trägt es nichts zur Aufklärung im Sinne methodengerechter Auslegung bei, wenn *S8* die *S9-OK*-Sache *IX R 50/09*[149] ausgerechnet als Rechtsquelle für seine *SH-BA*-Änderungsauslegung bemüht (Ziff. 4.2 c; Ziff. 4.3 b) aa), bb)), zumal sich die Begründung der Sache *IX R 50/09*[150] (insgesamt) rechtslogisch nicht erschließen lässt[151].

4.5 Exkurs I: Aufgabe der Trennungstheorie mit Rückbewirkung?

a) Wie gezeigt, nimmt *geltende Norm* das Handeln des *SH* nicht auf. Insbesondere lässt sich die These des *S8, de*r Gesetzgeber habe die Besteuerung des *SH* auf zwei Normen (*Nr. 11* einerseits und *geltende Norm* andererseits) erstrecken wollen, nicht schlüssig belegen.

Vielmehr deutet die Erschaffung einer gesonderten *SH*-Norm (*Nr. 11*) darauf hin, dass der Regelungswille des Gesetzgebers dahin ging, dass dort (in

---

145 Bestätigt durch IX R 40/06, veröffentlicht erst nach Verkündung des UntStRefG 2008.
146 BFH v. 20.10.2016, VIII R 55/13, BStBl II 2017, 264.
147 BFH v. 26. 9.2012, IX R 50/09, BStBl II 2013, 231.
148 *Stein* (Fn. 54), Ziff. 2 (S. 37 ff.).
149 BFH v. 26. 9.2012, IX R 50/09, BStBl II 2013, 231.
150 BFH v. 26. 9.2012, IX R 50/09, BStBl II 2013, 231.

Nr. 11) Geregelte als abschließend zu begreifen. Dies ist nur eine Festhaltung an der bisherigen Technik des Gesetzgebers:

Nämlich das Vorhalten eines eigenständigen Tatbestandes zur Besteuerung der *SH*-Prämien (bis 31.12.2008: § 22 Nr. 3 EStG a. F.). Nach diesem Willen des Gesetzgebers ist der *SH-BA* steuerlich verloren, weshalb sich auch Analogie verbietet. Die Erkenntnis des *FG Hamburg*[152] ist sonach – wie gezeigt – zwangsläufig.

b) Davon ausgehend, dass dies *S8* nicht verborgen geblieben sein kann, stellt sich die Frage, weshalb *S8* doch anders entschieden hat.

Der tiefer liegende Grund liegt womöglich darin, dass *S8* dem Literaturvortrag[153], die *SH*-Prämie sei in Tatsächlichkeit keine Vergütung für eine rechtlich und wirtschaftlich selbständige Leistung, zuneigen könnte.

Es geht hierbei um die Frage, ob die Inkaufnahme der mit der Prämienkassierung verbundenen Risiken in einem untrennbaren Kontext mit einer späteren Realisation nämlichen Risikos (nämlich: *SH* zahlt *BA* an *OK*) steht[154]. Wer die Dinge aber so betrachtet, kommt – will er als oberster Richter eine verständliche Änderung geltenden Rechts herbeiführen – nicht daran vorbei, die von *S9* entwickelte Trennungstheorie dezidiert zu widerlegen.

Zwar hatte S9 in *IX R 48/14*[155] von einer Aufgabe der getrennten Beurteilung der Einzelgeschäfte gesprochen. Allein die Begründung hierfür ist *S9* schuldig geblieben. Sowieso gab dieses *OK*-Urteil keinen Anlass zu solcher Erörterung, weil der Verzicht auf zusammenfassende Beurteilung der *SH*-Verträge ein Problem der *SH*-Besteuerung ist und die durch das UntStRefG 2008[156] eingetretenen Rechtsänderungen der Zwei-Verträge-Theorie (Trennungstheorie) die argumentative Grundlage nicht genommen haben.

Wenn der oberste Richter also den wahren Grund für eine Einheitsbetrachtung der *SH*-Einzel-Geschäfte darin sähe, dass Prämie und Risiko (samt dessen Realisation) notwendig zusammengehörten, müsste er mit *nämlicher* Vorer-

---

151 *Stein* (Fn. 54), Ziff. 2.
152 FG Hamburg v. 10.6.2016, 5 K 185/13.
153 Zuletzt: *Aigner/Balbinot*, DStR 2015, 198.
154 Vgl. a. *Haisch/Helios*, FR 2011, 88: wirtschaftlicher Zusammenhang zwischen *BA*-Verpflichtung und *SH*-Prämien.
155 BFH v. 12.1.2016, IX R 48/14, BStBl II 2016, 456.
156 Unternehmensteuerreformgesetz 2008, v. 14.8.2007, BGBl. I 2007, 1912.

kenntnis in die Arbeit der Subsumtion einsteigen. Wenn es dazu noch richtig ist, dass der Gesetzgeber mit *Nr. 11* die *SH*-Besteuerung hat abschließend regeln wollen, hätte der oberste Richter sodann zu analysieren, ob die Verfassung einen *SH-BA*-Abzug womöglich aber doch gebietet.

Bedenkt man also, dass eine überzeugende Widerlegung der noch immer gut begründeten Trennungstheorie des *S9* nicht gerade leicht zu bewerkstelligen ist, wird womöglich verständlich, weshalb *S8* das Wagnis und Mühsal einer Vorlage an das BVerfG gescheut haben könnte.

Derlei Zweifel am Erfolg einer solchen Vorlage sind durchaus berechtigt, denn so wie *Nr. 11* aufgebaut ist, geht der Gesetzgeber von einer zu trennenden Beurteilung der (einzelnen) Geschäfte des *SH* aus und es dürfte im Rahmen seines weiten Beurteilungsspielraumes liegen, wenn der Gesetzgeber seine Besteuerungsentscheidung an den einzelnen Zivilverträgen des *SH* ausrichtet.

Vor diesem Hintergrund bleibt unlösbar, weshalb *S8* vorträgt, die (neue) Einheitsbetrachtung des *S9* könne erst ab 2009 Geltung beanspruchen[157]. Denn wenn das mit der Prämienkassierung vergütete Risiko und dessen spätere tatsächliche Realisation (*SH* zahlt *BA* an *OK*) eine einheitliche Besteuerung dieses (Gesamt)Vorganges erforderte, so würde diese Einsicht (doch) nicht erst ab dem 1.1.2009 „gelten", vorausgesetzt, man verneint einen grundlegenden Systemwechsel zum 1.1.2009 im Sinne einer vollständigen Wertzuwachsbesteuerung des eingesetzten Kapitals (sogleich: Ziff. 4.6 b).

4.6   Exkurs II: Umfassende Wertzuwachsbesteuerung bei § 20 EStG?

a) Konzession des BMF?

S8 hat offenbar die Mühe gescheut, sich (a) mit der Gesetzeshistorie (Ziff. 2) und (b) mit der anderslautenden Rechtsfindung des *FG Hamburg*[158] im Detail zu befassen. Nur so konnte *S8* der „wahre" Wille des Gesetzgebers verborgen bleiben.

Um so auffälliger ist es, dass BMF & Länder die Sache *VIII R 55/13*[159] im März 2017 kommentarlos im BStBl 2017 Teil II auf Seite 264 veröffentlicht haben. *S8* könnte diese Veröffentlichung als Einladung verstehen, die bei ihm

---

157 BFH v. 20.10.2016, VIII R 55/13, BStBl II 2017, 264, Rdn. 18 S. 6.
158 FG Hamburg v. 10.6.2016, 5 K 185/13.
159 BFH v. 20.10.2016, VIII R 55/13, BStBl II 2017, 264.

noch offenen Fragen zu den nicht betrieblichen Vermögenseinbußen[160] abermals gegen die Auffassung von BMF & Ländern zu beantworten. Hierbei steht vornehmlich der Forderungsausfall / Forderungsverzicht im allgemeinen Fokus:

b) Keine vollständige Wertzuwachsbesteuerung bei den Kapitaleinkünften

aa) In Sachen „Wertzuwachsbesteuerung" werden Fehlvorstellungen durch die Literatur genährt. So hat *Steinhauff*[161] die Besprechungsentscheidung *VIII R 55/13*[162] vor dem Hintergrund eines mit dem UntStRefG 2008[163] herbeigeführten Systemwechsels im Sinne einer vollständigen Wertzuwachsbesteuerung bei den Einkünften aus Kapitalvermögen gewürdigt.

Steinhauff[164] trägt hierzu vor, durch das UntStRefG 2008[165] habe der Gesetzgeber für die Einkünfte aus Kapitalvermögen die Unterscheidung aufgegeben, wonach die Wertveränderungen des im Rahmen dieser Einkunftsart eingesetzten Vermögens (Kapitals) nicht erfasst werden:

Tatsächlich realisierte Wertveränderungen (etwa bei Termingeschäften) unterlägen der Besteuerung nach § 20 EStG. Damit erneuert *Steinhauff* eine in der Literatur[166] weit verbreitete Ansicht, die auch von Teilen der Instanzrechtsprechung[167] vertreten wird.

Eine genaue Untersuchung kann diese These indes nicht bestätigen[168]: Die Trennung von Vermögensebene und Ertragsebene ist durch das UntStRefG 2008[169] nicht entfallen. Die Literaten übersehen, dass der Gesetzgeber keine

---

160 Etwa: Forderungsausfall (Revision *VIII R 13/15*), Forderungsverzicht (Revision *VIII R 18/16*), Verfall des Aktienwertes (Revision *VIII R 34/16*); Verfall von Optionen (Revision *VIII R 40/15*), Verfall von Knock-out-Produkten (Revisionen *VIII R 37/15* und *VIII R 1/17*).

161 *Steinhauff*, NWB 2017, 1286, 1288 (Ziff. 3).

162 BFH v. 20.10.2016, VIII R 55/13, BStBl II 2017, 264.

163 Unternehmensteuerreformgesetz 2008, v. 14.8.2007, BGBl. I 2007, 1912.

164 *Steinhauff*, NWB 2017, 1286, 1288 (Ziff. 3).

165 Unternehmensteuerreformgesetz 2008, v. 14.8.2007, BGBl. I 2007, 1912.

166 Etwa: *Hahne*, BB 2017, 1319; *Aigner*, DStR 2016, 345, 346; *Aigner/Balbinot*, DStR 2015, 198; *Dahm/Hamacher*, DStR 2014, 455, 458; *Dahm/Hamacher*, Termingeschäfte im Steuerrecht, 2. Auflage 2014, S. 30 (Rz. 62, 64); *Haberland*, BB 2014, 2328; *Helios/Philipp*, BB 2010, 95, 97, 100; *Hagen/Remmel*, BB 2011, 2718, 2722; *Jachmann*, in: juris-PR-SteuerR 25/2008 Anm. 3.

167 Etwa: FG Rheinland-Pfalz v. 12.7.2016, 3 K 1133/14 (Rz. 24); FG Hamburg v. 30.8.2016, 2 K 84/16 (Rz. 36 f.); s. a. FG Düsseldorf v. 24.6.2014, 1 K 3740/13 E (Rz. 34).

168 Eingehend: **Stein** (Fn. 54) Ziff. 1.3.6 (S. 26); Ziff. 3.2 (S. 61 bis 66).

169 Unternehmensteuerreformgesetz 2008, v. 14.8.2007, BGBl. I 2007, 1912.

normative Anordnung (vgl. Art. 20 Abs. 3 GG, § 3 Abs. 1 AO) im Sinne einer durchgängigen Substanzbesteuerung geschaffen hat.

Es fehlt an Vorschriften, welche an die Zu- und Abgänge eines zuvor definierten Finanzvermögens (Wertveränderungen) anknüpfen. Mit dem UntStRefG 2008[170] hat der Gesetzgeber keinen Systemwechsel im Sinne einer generellen Substanzbesteuerung bzw. vollständigen Wertzuwachsbesteuerung der Kapitaleinkünfte vollzogen.

Bei § 20 EStG existiert also kein steuerverstricktes punktuelles Betriebsvermögen bzw. keine punktuelle Gewinneinkunftsart. Vielmehr beansprucht der Dualismus der Einkunftsarten weiter Geltung, denn der Gesetzgeber hat die durch das UntStRefG 2008[171] geänderte Norm des § 20 EStG den Überschusseinkünften nach § 2 Abs. 2 Nr. 2 EStG zugeordnet.

Die Norm des § 20 EStG ist grundsätzlich auf die Besteuerung der Erträge des für die Einkünfteerzielung eingesetzten Vermögens (Fruchtziehung) beschränkt und stellt Veränderungen des eingesetzten Vermögens grundsätzlich steuerlich neutral[172].

Die Vorschrift des § 20 Abs. 2 EStG entspricht in etwa der bisherigen Besteuerung nach §§ 17, 23 EStG a.F., so dass von einer ausgeprägteren Substanzerfassung, nicht jedoch von einer generellen Verstrickung der Vermögenssphäre gesprochen werden kann[173].

bb) Vor diesem Hintergrund ist die Auffassung des BMF[174], der schlichte Forderungsausfall sei nicht von § 20 EStG erfasst, als treffende Auslegung einzustufen[175].

Bedenkt man jedoch, dass bereits *S9* in seiner *OK*-Sache *IX R 48/14*[176] angemerkt hatte, alle Wertzuwächse seien zu besteuern und alle Vor- und

---

170 Unternehmensteuerreformgesetz 2008, v. 14.8.2007, BGBl. I 2007, 1912.
171 Unternehmensteuerreformgesetz 2008, v. 14.8.2007, BGBl. I 2007, 1912.
172 Im Ergebnis ebenso: FG Düsseldorf v. 23.11.2016, 7 K 2175/16 F (Rz. 15, nrkr, Rev.: VIII R 34/16); FG Berlin-Brandenburg v. 20.1.2016, 14 K 14040/13 (Rz. 19 u. 21, nrkr, Rev.: VIII R 18/16); FG Düsseldorf v. 11.3.2015, 7 K 3661/14 E (nrkr, Rev.: VIII R 13/15).
173 *Stein*, Die verfallene Option in der Abgeltungsteuer (Norderstedt, Februar 2015, ISBN 978-3-734-76822-4), Ziff. 3 (S. 63 ff.).
174 BMF v. 18.1.2016, BStBl I 2016, 85, Rz. 60.
175 *Stein* (Fn. 54), Ziff. 3.4 (S. 65 f.); FG Köln v. 18.1.2017, 9 K 267/14 (Rz. 50 f.).
176 BFH v. 12.1.2016, IX R 48/14, BStBl II 2016, 456.

Nachteile seien steuerlich zu erfassen[177], so wäre es mit Blick auf die „kreative" Rechtsfindung des *S8* in *VIII R 55/13*[178] immerhin vorstellbar, dass *S8* in den ausstehenden Entscheidungen zum Forderungsausfall bzw. zum Forderungsverzicht (Revisionen *VIII R 13/15* und *VIII R 18/16*) auf einen Systemwechsel im Sinne einer vollständigen Wertzuwachsbesteuerung bei § 20 EStG erkennt.

Allein rechtslogisch ließe sich dies schwerlich überzeugend belegen (oben Ziff. 4.6 b aa).

c) Keine Konzession des BMF

Genau besehen dürfte der Umstand, dass BMF & Länder die Sache *VIII R 55/13*[179] im März 2017 kommentarlos im BStBl 2017 Teil II auf Seite 264 veröffentlicht haben (siehe oben a) aber nicht als Zugeständnis im Sinne einer Aufgabe der Verwaltungsauffassung (mithin Anpassung an die Einsicht des *S8*) zu beurteilen sein:

Dies ist einerseits daran zu erkennen, dass das BMF davon abgesehen hat, seine anderslautende Anweisung[180] im Sinne der Entscheidung *VIII R 55/13* abzuändern. Andererseits dürfte eine Veröffentlichung der Sache *VIII R 55/13* im BStBl 2017 Teil II schon deshalb obligat gewesen sein, weil *S8* der Revision des Finanzamts stattgegeben, d. h. die Klage zum überwiegenden Teil[181] (mangels einer Verlustverrechnungsmöglichkeit) abgewiesen hat.

Die konträren Auslegungen (*S8*[182] hier, BMF[183] da) stehen sonach einander gegenüber und es bleibt abzuwarten, ob es zu neuerlichen gerichtlichen Auseinandersetzungen kommt und wie diese zunächst untergerichtlich entschieden werden. Anders liegen die Dinge, sollte eine Anpassung der Verwaltungsvorschrift[184] nur versehentlich unterblieben sein und diese also noch im Sinne von *VIII R 55/13* geändert würde.

---

177 Vgl. a.: **Stein** (Fn. 54) Ziff. 1.3.6 (S. 26).
178 BFH v. 20.10.2016, VIII R 55/13, BStBl II 2017, 264.
179 BFH v. 20.10.2016, VIII R 55/13, BStBl II 2017, 264.
180 BMF v. 18.1.2016, BStBl I 2016, 85, Rz. 26, 34.
181 Kosten für den Kläger: 90 % / Kosten für das Finanzamt: 10 %.
182 BFH v. 20.10.2016, VIII R 55/13, BStBl II 2017, 264: Leitsätze.
183 BMF v. 18.1.2016, BStBl I 2016, 85, Rz. 26, 34.
184 BMF v. 18.1.2016, BStBl I 2016, 85, Rz. 26, 34.

5 Schluss

Autorität und friedensstiftende Kraft der Gerichte stützen sich vor allem auf die Begründung der Urteile. Die Verbindung zwischen der *geltenden Norm* bzw. der *Alt-Norm* und der durch die Gerichte für den *SH* ausgesprochenen Rechtsfolge kann nur mit anerkannten Methoden der Rechtsfindung begründet werden. Die beiden Besprechungsentscheidungen verwenden verschiedenartige Auslegungsmethoden, deren Zulässigkeit zu untersuchen war:

a) Das *FG Hamburg*[185] hat seinen Entscheidungsprozess gut nachvollziehbar strukturiert. Es ergeben sich keine Hinweise auf eine außerordentliche Handhabe der Auslegungsinstrumente. Zwar enthält die Ableitung keinerlei Erwähnung der vergeblichen Intervention der Banken-Lobby (*ZKA*) vor dem *FinA* (Ziff. 2). Ein Auslegungsmangel liegt darin aber schon deshalb nicht, weil die Beweisführung des *FG Hamburg*[186] den aus nämlicher Intervention (des *ZKA*) einmal mehr deutlich gewordenen Willen des Gesetzgebers (kein Abzug des *SH-BA*) mit zulässiger Methode rational überprüfbar zu entfalten vermochte.

b) Der Entscheidungsprozess in *VIII R 55/13*[187] ist rational kaum überprüfbar (Ziff. 4.2 bis 4.4), wobei die einwandfreie Ableitung des *FG Hamburg*[188] (oben *a*) als Referenz herangezogen werden kann.

Damit ist die Frage nach der Gleichheit der Rechtsanwendung berührt: Der Weg, auf dem *S8* seine Entscheidung gefunden hat, kann von einem anderen Spruchkörper (hier: etwa *FG Hamburg*[189]) in einem vergleichbaren Entscheidungskontext nicht in gleicher Weise nachvollzogen werden.

Damit ist aber nicht mehr sichergestellt, dass zwei gleiche Fälle auch gleich behandelt werden. Die Auslegung des *FG Hamburg*[190] legt die Begründungsmängel der Erkenntnis *VIII R 55/13*[191] dort offen, wo *S8* keine Antwort darauf[192] liefert und eine begründende Auseinandersetzung mit den gegenläufigen

---

185 FG Hamburg v. 10.6.2016, 5 K 185/13.
186 FG Hamburg v. 10.6.2016, 5 K 185/13.
187 BFH v. 20.10.2016, VIII R 55/13, BStBl II 2017, 264.
188 FG Hamburg v. 10.6.2016, 5 K 185/13.
189 FG Hamburg v. 10.6.2016, 5 K 185/13.
190 FG Hamburg v. 10.6.2016, 5 K 185/13.
191 BFH v. 20.10.2016, VIII R 55/13, BStBl II 2017, 264.
192 Gemeint sind sämtliche Erwägungen des FG Hamburg (im Urt. v. 10.6.2016, 5 K 185/13).

Argumenten des *FG Hamburg*[193] findet in *VIII R 55/13*[194] an keiner Stelle statt. Denn **allein** buchstäblich („*a.A.* ") hat sich *S8* von der Auslegung des *FG Hamburg*[195] **an drei Stellen** abgegrenzt[196].

c) Entscheidungen, die nicht auf der Basis eines Regelsystems getroffen werden, laufen Gefahr, willkürlich zu sein. Ist die Begründung der Einsicht *VIII R 55/13*[197] rational nicht mehr nachzuvollziehen und fehlt eine inhaltliche Auseinandersetzung mit vorhandener gegenläufiger Jurisprudenz zu einer vergleichbaren Sachverhaltskonstellation (oben *b*), ist die Gefahr obergerichtlicher Willkür erdenklich. Diese Zweifel werden durch die in der Literatur[198] schon früh (hier: bereits 2010[199]) erwähnten Details der Gesetzgebungshistorie (Ziff. 2), welche *VIII R 55/13*[200] an keiner Stelle anspricht, zusätzlich genährt.

d) Der *Verfasser* gelangt nach alledem zu dieser Feststellung:

Mit *VIII R 55/13*[201] hat *S8* hat den gesetzgeberischen Willen (*SH-BA* nicht abziehbar) erkennbar umgedeutet. Folglich können die beiden vom *S8* formulierten Leitsätze[202] keinen Anspruch auf Geltung erheben *(q.e.d.)*.

---

193 FG Hamburg v. 10.6.2016, 5 K 185/13.
194 BFH v. 20.10.2016, VIII R 55/13, BStBl II 2017, 264.
195 FG Hamburg v. 10.6.2016, 5 K 185/13.
196 BFH v. 20.10.2016, VIII R 55/13, BStBl II 2017, 264, Rdn. 19 S. 3, 30 S. 7, 33 S. 2.
197 BFH v. 20.10.2016, VIII R 55/13, BStBl II 2017, 264.
198 *Haisch/Krampe*, FR 2010, 311, 315.
199 Ebenda.
200 BFH v. 20.10.2016, VIII R 55/13, BStBl II 2017, 264.
201 BFH v. 20.10.2016, VIII R 55/13, BStBl II 2017, 264.
202 1. Bei Optionsgeschäften führt der im Rahmen des Basisgeschäfts gezahlte Barausgleich vor Einführung der Abgeltungsteuer sowohl beim Stillhalter als auch beim Optionsinhaber zu Einkünften aus Termingeschäften nach § 23 Abs. 1 Satz 1 Nr. 4 EStG a.F.
2. Der Barausgleich ist beim Stillhalter nach Einführung der Abgeltungsteuer als Verlust aus einem Termingeschäft nach § 20 Abs. 2 Satz 1 Nr. 3 Buchst. a EStG abzugsfähig (entgegen BMF-Schreiben vom 9. Oktober 2012 IV C 1-S 2252/10/10013, BStBl I 2012, 953, zuletzt geändert durch BMF-Schreiben vom 18. Januar 2016 IV C 1-S 2252/ 08/10004:017, 2015/0468306, BStBl I 2016, 85, Rz 26 und 34).